W0206164

Wilhard Becker

Glaubst du noch, was »man« glaubt?

Fotos von Ulrich Schaffer

Verlag Ernst Kaufmann

1. Auflage 1990
© 1990 by Verlag Ernst Kaufmann, Lahr · Alle Rechte vorbehalten
Hergestellt bei Studio-Druck, Nürtingen-Raidwangen · Gestaltung: JAC
ISBN 3-7806-2190-8

3

Sich nicht mehr in seiner Haut wohl fühlen

Nicht wenige haben als Kinder und Heranwachsende eine religiöse Erziehung erfahren. Bei den meisten ist dann aber früher oder später eine, wie sie es nennen, „Ernüchterung" eingetreten. Sie haben versucht, ihr Leben nach realistischeren Maßstäben einzurichten, und konnten auch damit gut leben. Manches früher Geglaubte wurde nun mild oder ironisch belächelt und zu den alten Märchen gepackt, die einmal schön und bunt waren, aber heute mit der Wirklichkeit eines Erwachsenen nicht mehr in Übereinstimmung zu bringen sind.

Andere haben tapfer ihren Kindheitsglauben über die Entwicklungskrisen der Pubertät hinübergerettet und ernsthaft versucht, diesen – wenn auch manchmal in innerer Einsamkeit – zu praktizieren.

Übereinstimmend werden aber alle, gleichviel wann und wie intensiv sie mit der Welt des Glaubens konfrontiert wurden, entdecken, daß auch dieser Lebensbereich Wandlungen unterliegt und überprüft werden muß, wenn er lebendig und lebenswichtig bleiben soll.

Viele haben sich Glaubenssätze eingeprägt, die bis ins Unterbewußte eingedrungen sind und die sich im Inneren selbständig machen, wenn man sich nicht bewußt dagegen wehrt. *„Ich glaube an Gott,* den allmächtigen Schöpfer . . ."

Das gleiche spielt sich bei manchen Kirchenliedern oder Volksliedern mit religiösen Inhalten ab. Manchmal singt man einfach mit, ohne über ihren Sinn nachzudenken.

Oft werden gemischte Gefühle ausgelöst, wenn uns diese Vorgänge bewußt werden und wir kritisch darüber nachdenken.

Noch tiefer sitzt aber unser religiös-moralisches Gewissen: „Das darf man nicht" – „Das tut man nicht" – „Das geht doch nicht" – „Was wäre, wenn alle das machen würden . . .?" – „Ein anständiger Mensch, ein Christ, ein Gläubiger oder ein verantwortungsbewußter Bürger tut so etwas nicht!"

Wenn ich es trotzdem tue, dann fühle ich mich irgendwie nicht ganz wohl in meiner Haut. Eine innere Instanz versucht, mir Angst zu machen oder mich wenigstens zu verunsichern.

4

Holzwege von Wegen unterscheiden

Letztlich hat das alles mit meinem Glauben zu tun, woher immer ich ihn bezogen habe und welche Rolle er auch in meiner Lebensphilosophie spielt. Erstaunlicherweise haben wir nicht nur Einprägungen und Bilder in uns, die aus dem engen Raum unserer Elternerziehung stammen. Stark prägend sind auch die Gedanken unserer Umwelt und die Bilder, die wir früh, sogar noch unbewußt, aufgenommen haben: Bilder und Gedanken über Gott und die Welt, Vorstellungen darüber, wie und was der Mensch ist und was „man" zu tun und zu lassen hat.

Als ich anfing, bewußt auf diese ungeschriebenen Vorstellungen und „Man-tut-Gesetze" zu achten, erlebte ich erstaunt oder ärgerlich, wie selbstverständlich meine Umgebung mir diese ungeschriebenen Gesetze abverlangte.

Gerade im religiösen Bereich gibt es viele Aufpasser und Richter, die uns sagen, was wir zu glauben, zu denken, zu sagen haben. Nach einem Vortrag stand in der anschließenden Aussprache ein diskussionsgeübter Mann auf und behauptete, was ich gesagt hätte, dürfe man so nicht sagen. Auf meinen Einwand hin, wer ihm die Erlaubnis gäbe, mir zu sagen, was man sagen dürfe und was nicht, antwortete er: „Was Sie gesagt haben, kann man so nicht sagen!"

Es ist an der Zeit, über die Funktion des Glaubens nachzudenken und bewußt zu entscheiden, was ich denken und glauben will und nach welchen Maßstäben ich mich eigentlich richten möchte.

Holzwege des Glaubens

Holzwege können unter Umständen für kurze Zeit notwendig und nützlich sein. Sie schaffen zum Beispiel im Wald die Möglichkeit, gefällte Bäume wegzutransportieren. Normalerweise führen sie aber nicht weit und sind in keiner Landkarte eingezeichnet. Man kann sich nicht an ihnen orientieren.

Ähnlich gibt es auch in der Glaubenswelt Wege und Holzwege. Wer weiterkommen will, sollte lernen, sie voneinander zu unterscheiden.

Durch das Elternhaus geprägt

Glaube als Urvertrauen

Ein Säugling ist völlig auf seine Mutter angewiesen. Wird das Kind gut versorgt, dann lernt es, sich auf seine Umwelt und auf seine Beziehungspersonen zu verlassen. Es gewinnt ein Grundvertrauen ins Leben. Es glaubt an die Zuverlässigkeit derer, die es umgeben. Wird diese erste Erfahrung enttäuscht, kann es in der späteren Entwicklung zu Störungen kommen. Übertriebene Ängstlichkeit und Mißtrauen sind dann oft im späteren Leben die Folgen. Eine behütete Kindheit und gute Erfahrungen mit zuverlässigen Bezugspersonen in den ersten Jahren des Lebens erleichtern den Zugang zur Welt des Glaubens. Zum Eingang in das Reich Gottes, sagt Jesus, ist ein kindliches Vertrauen nötig.

Glaube als Weltanschauung

Alles, was meine Umwelt denkt, wie sie reagiert und handelt, übernehme ich zunächst vorbehaltlos. Das bezieht sich auch auf den Bereich des Glaubens. Die Eltern, Geschwister und Verwandten glauben, und ich glaube ihnen. Sie sind mir am glaubwürdigsten. Ihre Glaubensinhalte speichere ich in meinem Kopf. Ich lerne, wie sie zu denken und zu handeln. Meine Einstellungen zum Leben und zur Welt werden dadurch mit vorbestimmt. Meine Welt erlebe und beurteile ich so, wie meine frühe Umgebung sie betrachtet. Ich kenne ja auch keine anderen Möglichkeiten und habe keine anderen Begriffe, um meine Welt zu begreifen. Eine eigenständige Weltanschauung kann ich erst entwickeln, wenn ich andere Menschen und Systeme kennenlerne und fähig werde, zu fragen, zu prüfen und zu vergleichen.

7

Rückzug in alte Erfahrungen

Glaube als Regression

Wenn in meinem späteren Leben Situationen auftauchen, die mich überfordern, mit denen ich nicht mehr allein fertig zu werden glaube, kann ich mich wieder zurückbesinnen. Am Anfang war doch alles einfach und klar! Warum soll es nicht auch heute wieder so sein? Damals waren die Menschen doch alle für mich, und die Welt war noch heil!

Diesen regressiven Glauben erkennt man an seiner naiven, problemlosen Struktur. Alles ist klar, die Lösungen sind einfach, wenn man nur das Richtige denkt und fest glaubt, was man immer geglaubt hat. Gott hat alles so gewollt. Ich füge mich, und meine Mitglaubenden stärken mich. Ich bin wieder zu Hause, wie bei Vater oder Mutter. Ich habe wieder Geschwister, und alle lieben mich. Wenn ich mich so verhalte, wie man sich daheim verhält, kann alles so bleiben, wie es ist. Zweifel und kritisches Hinterfragen sind von Übel und müssen verdrängt werden.

Glaube als Konfession

Alle, die auf dem richtigen Weg sind, denken, wollen und bekennen dasselbe. Ein gemeinsames Bekenntnis stärkt und bestätigt und schafft einen Schutzraum der Richtigkeit. Es befreit mich auch davon, immer wieder neu nachdenken zu müssen. Ich stehe auf dem festen Boden einer bewährten Tradition. Manchmal ist mir der Anzug oder das Kleid des Glaubensbekenntnisses zwar etwas zu groß oder zu klein, aber das ist immer noch sicherer, als alles selbst neu denken und gestalten zu müssen. Gemeinsame Bekenntnisse können sehr ermutigend und stärkend erlebt werden. Sind sie aber Ersatz für eigene Erfahrungen, werden sie mein Leben nicht bereichern.

Der Glaube „an"

Normalerweise gebrauchen wir die Worte „ich glaube an" in einem ähnlichen Zusammenhang wie die Formel „Ich hoffe auf ..." Für die meisten sind diese Formulierungen ganz selbstverständlich. Glauben ist aber die Bezeichnung für eine Beziehung. Ich glaube nicht „an dich", sondern: ich glaube „dir"! Ich glaube Gott! Glauben entspricht dem Beziehungswort „Liebe": „Ich liebe dich!"

Wenn ich sage, daß ich *an* etwas oder *an* jemanden glaube, dann drückt das noch keine gegenseitige Beziehung aus. Ich setze meinen Glauben ganz auf mein Gegenüber. Ich mache mein Glauben oder mein Hoffen vom anderen abhängig. Ich werde jedoch enttäuscht, wenn mein Gegenüber sich anders verhält, als ich es geglaubt oder erhofft hatte.

Wenn ich aber nicht *an* Gott, sondern Gott glaube, kann er tun, sagen oder sein, wie er will – ich werde *ihm* glauben. Der Glaube ist dann meine eigene Entscheidung. Ich bleibe bei mir und bin für den anderen offen, wie auch immer er sich verhalten mag. Wenn ich jemanden liebe, ist meine Liebe auch nur so lange zuverlässig, wie ich sie nicht vom Verhalten des anderen abhängig mache. Ich liebe ihn so, wie er ist und wie er sich verhält. Meine Liebe bleibt, auch wenn er sich verändert.

Der Glaube als Ich-Funktion

Credo, ergo sum – ich glaube, also bin ich.

„Ich bin!" Das ist die zentralste Aussage, die ein Mensch über sich machen kann. Obwohl diese Aussage eine zentrale Bedeutung hat, wird sie selten gebraucht. Das Ich und seine Funktionen sind meist sehr verschwommen.

In folgendem Bild läßt sich die Wichtigkeit der sogenannten Ich-Funktionen erklären:

Wir können in uns drei Bereiche unterscheiden: das Denken, das Wollen und das Fühlen. Ordnen wir diese Bereiche unserem Körper zu, so könnte man das Denken mit dem Kopf in Verbindung bringen

und das Fühlen mit dem Bauch. Dem Willen entspräche das Herz. Ich will von Herzen – oder noch deutlicher: ich will von *ganzem* Herzen!

Es gibt auch ein Wollen nur aus dem Verstand oder nur aus dem Gefühl heraus. Wenn ich aber „von ganzem Herzen" will, sind mein Verstand und mein Gefühl mit eingeschlossen.

Der Sitz unseres Ich ist das Herz. Es ist die Mitte unserer Person und darum auch die Instanz, mit der wir unsere Entscheidungen echt, dauerhaft und zuverlässig treffen. Kopfentscheidungen oder Entscheidungen „aus dem Bauch heraus" sind nicht sehr stabil. Nur das, was ich von ganzem Herzen will, hat Aussicht auf Bestand, weil es mich zentral, in meinem Innersten, betrifft. Darauf kann ich mich selbst und darauf können sich andere verlassen.

Es gibt allerdings auch halbherzige Entscheidungen oder sogar herzlose Entschlüsse. Aber keiner ist damit glücklich!

Auch der Glaube ist eine Herzenssache. Psychologisch gesehen, hat er eine Ich-Funktion. Nur so kann ich von Herzen sagen: „Ich glaube!"

Glauben, lieben und hoffen sind Ich-Funktionen und entstehen im Herzen. Sie sind freiwillige und bewußte Entscheidungen. Das Herz hat sein eigenes Bewußtsein. Nicht immer ist uns diese Wirklichkeit bewußt. Wenn es wichtig wird, wenn es um Lebensentscheidungen geht, ist das Herz gefragt.

Häufig jedoch wird dabei das Herz mit dem Bauch und der Wille mit dem Gefühl verwechselt.

Glaubensfragen sind aber immer wichtige Fragen. Deshalb will ich für mich entscheiden, was ich glauben kann oder was ich noch glauben will.

Vielfach ist unser Glaube besetzt und ausgefüllt mit Randfragen, die das Leben nicht wesentlich betreffen. Es sind vielleicht Glaubensaussagen, die andere für sehr wichtig halten, mich aber nicht entscheidend berühren oder interessieren. So gibt es viele Glaubensstreitereien, die immer weniger Menschen verstehen; konfessionelle Abgrenzungsgefechte, die viele nur noch als Wortklaubereien empfinden.

Was heißt nun „Ich will glauben" oder „Ich entscheide mich, zu glauben"?

Am besten läßt sich der Glaubensbereich mit dem Bereich der Liebe vergleichen. Beide liegen auf der Beziehungsebene. Sie sind Ausdruck für ganz persönliche Beziehungen, die auf einer persönlichen, subjektiven Herzensentscheidung beruhen. Ich liebe, ich glaube – und zwar nicht, weil „man" liebt oder weil „man" glaubt. Das Zentrum, die Quelle meiner Liebe liegt in mir. Der Ausgangspunkt meines Glaubens ist mein Herz. Ich entscheide, ob ich glaube und wem ich glaube.

Mit dem Wachstum meiner Persönlichkeit wird auch mein Glaube in einen Wachstumsprozeß geraten. Er wird sich verändern und stabiler, dynamischer und lebendiger werden. Mein Glaube wird sich immer mehr abwenden von Äußerlichkeiten, von allgemeinen Wahrheiten und Richtigkeiten und sich statt dessen zum Wesentlichen, zum Wesen hin entwickeln wollen.

Solche Entwicklungen beginnen häufig mit einer Infragestellung meiner bisherigen, gewohnten Vorstellungen. Nichts wird zunächst selbstverständlich bleiben und weiter aus Gewohnheit geschehen. Kann und will ich noch dem Gott meiner Tradition glauben? Wem will ich mein Vertrauen und meine Liebe schenken und auf welche Beziehung will ich mich mit meinem Leben einlassen?

Der neue, erwachsene Glaube beginnt mit einer Suchbewegung; er ist ein Weg, der oft mit einem „Weggehen", einem Abschied vom Gewohnten, beginnt.

Was der Glaube alles kann

Genaugenommen vermag der „Glaube an sich" nichts. Erst wenn eine Person zu glauben beginnt, setzt seine Wirkung ein.

Wenn der Glaube mich nicht öffnet, macht er mich krank

Glauben heißt: eine Beziehung zum Leben eingehen. Diese Beziehung kann sich sehr unterschiedlich auswirken. Sie kann mich für das Leben öffnen oder verschließen. Sie kann mich ängstigen oder befreien. Durch meinen Glauben kann ich „Berge versetzen" und Mutsprünge machen. Ich kann mich aber ebenso zu einem eingeschüchterten Menschen entwickeln.

Da ich meinen Glauben zunächst von meiner Umwelt übernehme, sind für mich die Auswirkungen an den Menschen meiner nächsten Umgebung zu beobachten. Ist ihr Leben für mich eine Ermutigung, oder schreckt es mich ab? Beurteilen kann ich das allerdings erst, wenn ich Vergleiche habe und auch anderes kennenlerne. Es gibt lebenshemmenden und lebensfrohen Glauben, verengenden und in die Weite führenden Glauben. Das hat nichts mit der Religions- oder Konfessionszugehörigkeit zu tun, wenngleich jede Gruppierung ihre Schwerpunkte setzt oder einen Stil prägt.

Die Frage, was und wie ich eigentlich glauben will – oder noch deutlicher ausgedrückt: wem ich glauben will, muß jeder einzelne selber bewußt beantworten. Prinzipiell kann ich alles glauben. Es gibt auch keinen Menschen, der nicht irgend etwas und irgendwie glaubt. Was aber sind die Auswirkungen seines Glaubens?

Öffnet mich mein Glaube für das Leben, für die Welt, für andere Menschen, für mein Wachstum und für die Kräfte des Lebens oder schließt er mich zu?

Zunächst öffnet der Glaube Augen und Ohren und alle Sinne für eine dem Glauben entsprechende Wirklichkeit, die dann auf mich einwirkt. Ich kann mich so für das Gute, Helle, Erfreuliche, Liebenswerte auftun und mich diesem Einfluß aussetzen. Genausogut kann ich mich aber auch dem Gegenteil öffnen.

Anfangs wird mir gesagt, was ich glauben soll und an wen ich zu glauben habe. Mit zunehmender Reife entscheide ich selbst, welchem Angebot des Lebens, welcher Seite der Realität ich mich zuwenden will, denn niemand kann völlig objektiv sein. Ich treffe immer eine Auswahl aus vielen Wirklichkeiten oder entscheide mich für eine Richtung, sonst wäre ich der Willkür und den Zufälligkeiten ausgesetzt.

Ich sehe und erlebe das, was ich glaube und erwarte. Wie ich glaube, davon werden auch meine Vorstellungen bestimmt: die Bilder, die ich mir mache oder die ich von anderen übernehme. Da sind zum Beispiel die Bilder von Gott. Ich kann sie aus der Glaubenswelt meiner Umgebung, meiner Erziehung übernehmen und werde mit ihnen meine Erfahrungen machen. Ich kann aber auch, je nach Alter und Lebenserfahrung, eigene Vorstellungen entwickeln, Vorstellungen, die mir entsprechen. In jedem Fall wird mein Leben von diesen Vorstellungen entscheidend geprägt, auch wenn mir das lange nicht bewußt ist.

Jesus hat das einmal so formuliert: „Dir geschehe, wie du geglaubt hast!" (Mt 8,13). Seine Zeit- und Volksgenossen hatten eine große Tradition mit ihrem Glauben. Sie hatten kluge und weitreichende Systeme entwickelt, wie man als „Recht-Gläubiger" zu glauben hat. Wer nicht so dachte und nicht entsprechend handelte, wurde aus der Gemeinschaft ausgestoßen und als „Heide" bezeichnet. Wer etwas anderes lehrte und Menschen für einen anderen Glauben gewinnen wollte, mußte mit hohen Strafen, sogar mit der Todesstrafe rechnen. Einen privaten oder einen persönlichen Glauben, der nicht der Norm entsprach, konnte keiner leben.

Diese Art, den Glauben zu praktizieren, ist noch immer nicht ausgestorben. Sie hat sogar bestimmte Vorteile. Ein Glaube, der zur Konfession wird, bietet einen Schutzraum. Wenn ich in diesem Raum lebe, muß ich nicht alles selbst erfahren, selbst denken, selbst entscheiden. Die anderen, die auch so denken und glauben wie ich, schützen und lieben mich und geben mir eine Identität. Für die Zeit und Entwicklung bis zur Selbständigkeit wirken diese Schutzräume auch lebenserhaltend. Selbständigkeit und Eigenverantwortung sowie neue übergreifende Erfahrungen können mich gefährden und mich meiner Umgebung entfremden. Sie fordern mich heraus, eigene Entscheidungen zu treffen und mein Leben selbst zu bestimmen.

Entscheide ich mich für einen Glauben, der mir entspricht, denke ich eigene Gedanken und entwickle von mir, vom Leben, von der Welt eigene Bilder, gehe ich ein Risiko ein – denn wer schützt mich, wenn ich mich täusche und Mißerfolg habe? Bin ich dann nicht an allem selbst schuld? Wer verteidigt mich, wer rechtfertigt mich, wer nimmt mich dann noch an?

Es ist schon einfacher und ungefährlicher, im alten und bewährten System zu bleiben. Das, was ich dann lebe, wird mir zwar nicht immer entsprechen, hat aber doch den Vorteil, daß ich nicht isoliert bin. In manchen Zeiten ist es auch opportun, das richtige Parteibuch, die richtige Mitgliedskarte, das richtige Gesangbuch, die rechte Konfession zu haben.

Wer sich entscheidet, seinen eigenen Weg zu gehen, muß es „von ganzem Herzen" tun, oder er sollte es besser sein lassen.

Verschobene Schwerpunkte – verschrobene Standpunkte

Der schriftlich fixierte Glaube contra persönliche Erfahrung

Am Anfang ist der Glaube eine Bewegung, der einem Bergbach gleicht: Er ist voller Begeisterung und voller mutiger Sorglosigkeit. Meist sind es junge Menschen, die aufbrechen. Sie sind noch nicht durch Erfahrungen getrübt. Später kommen die Klugen hinzu, die schon immer wußten, was richtig war, und die belegen können, warum alles so kommen mußte. Aus einer Bewegung entwickelt sich eine Lehre, aus einem Aufbruch wird Erziehung, aus Umbruch wird Gewohnheit, aus unberechenbaren Überraschungen wird festgeschriebene Tradition.

Am Anfang des Glaubens steht immer eine persönliche Betroffenheit und die Frage: „Was muß *ich* tun?"

Später wird über alles Erleben nachgedacht und reflektiert, und schließlich wird alles schriftlich fixiert.

Das Leben läßt sich zwar beschreiben, aber niemals festschreiben.

Von der Rechtgläubigkeit zur Rechthaberei

Jede Glaubenserfahrung ist original und persönlich. Damit liegt der Glaube auf derselben Ebene wie die Liebe. Alle Liebeslyrik und alle Aufklärungsbücher können keine Liebe erzeugen. Für jeden aber, der Liebe erfahren und Glauben erlebt hat, können Bücher eine Hilfe sein. Oft werden sie dann sogar mit Begeisterung gelesen, und das eigene Erleben wird mit den Erfahrungen anderer verglichen. Bücher können anregen, ermutigen und – wenn nötig – auch trösten und korrigieren. Sie sind aber nie das Leben selbst, sondern berichten vom Erlebten. Genauso verhält es sich auch mit den heiligen Schriften, den Dokumenten des Glaubens, und mit der Bibel. Wieviel Angst, wieviel Spaltung, wieviel schlechtes Gewissen hat es schon durch die verschiedenen Auslegungen des geschriebenen Wortes gegeben! Alle christlichen Gruppen, Konfessionen und Sekten berufen sich auf dieselbe Bibel, und in jeder Gruppierung gibt es unterschiedliche Auffassungen über die eine oder die andere Textstelle und wie man sie zu verstehen habe. So wurde aus der Frage nach dem richtigen Glauben Rechtgläubigkeit, und diese wieder entartete zur Rechthaberei. Von der Rechthaberei kam es schließlich zur Haar- und Schädelspalterei. Dabei wurde die Erfahrung der Liebe erdrosselt und der lebendige Glaube in ein Korsett gezwängt. Wo etwas schriftlich festgelegt und dem Dokument ein größerer Wert beigemessen wird als der persönlichen Erfahrung, entsteht Mißtrauen.

Vergeistigung statt Inkarnation

Es herrscht allgemein die Meinung vor, daß ein Frommer sich von der Erde und den „irdischen Dingen" abwenden müsse. Das Materielle, Geld, Besitz und körperliche Bedürfnisse hätten eigentlich immer stärker zurückzutreten, um den sogenannten höheren Werten, den „geistig-geistlichen" Interessen, mehr Raum zu geben. Ausdrücke wie „weltlich", „fleischlich", „irdische Gesinnung", „Lust" bekommen einen Beigeschmack, der deutlich macht, daß ein Glaubender eigentlich nicht mehr soviel damit zu tun haben sollte. Leider zeigen sich auch bei vielen, die es mit ihrer Frömmigkeit sehr ernst nehmen, solche Entzugserscheinungen. Sie sind bestrebt, ihr Leben immer mehr zu vergeistigen. Ihre Interessen wenden sich den sogenannten „geistigen" Dingen zu. Im Extremfall wird die Beschäftigung mit Politik,

Sport, Kunst und den Fragen nach der Zukunft der Welt immer uninteressanter. Selbst die Bedürfnisse des eigenen Körpers werden oft nur noch gering eingeschätzt. Gott ist „oben", dort, wo die „höheren" Werte sind, und wir müssen uns zu ihm hinaufbewegen.

Wenn wir uns an Jesus orientieren, ist das Ziel der Wege Gottes aber nicht eine Vergeistigung des Lebens, sondern die Verleiblichung des Geistes. Der Geist sucht den Körper, um sich zu verwirklichen. Die Liebe sucht Hände und Füße und Leiber, um sich auszudrücken. Wer liebt und glaubt, will begreifen, zupacken und die Verhältnisse verändern. Der Glaube Jesu war nicht nur sichtbar, sondern auch hautnah. Er zeigt uns einen Gott zum Anfassen. Sein Glaube veränderte die Menschen leibhaftig und brachte sie in Schwung. Er machte sie gesund, und ihr Glaube blieb nicht im Kopf oder im Herzen stekken. Er packte an, er drückte seine Gefühle mit Händen, Worten und Zärtlichkeit aus. Er war in Hautkontakt mit Männern und Frauen, mit Kindern und Kranken. Er hatte keine Berührungsängste. Er konnte Essen und Trinken genießen und vertröstete nicht auf ein besseres Jenseits. Er verkündete, daß das Reich Gottes im Hier und Jetzt stattfindet. Er hatte auch nicht die Absicht, sein Friedensreich im Jenseits aufzurichten, sondern mitten in der notvollen Realität dieser Erde.

Gott dienen, statt die Liebe zu leben

Man muß Gott dienen und hat keine eigenen Ansprüche zu stellen! Die Sache Gottes geht vor!

In fast allen Religionen spielt nicht der Mensch, der einzelne, die wichtigste Rolle, sondern Gott hat Pläne und will diese durchsetzen. Er sucht dazu Knechte, Diener, gehorsame Untertanen. Man muß ihm gehorchen, auch wenn seine Gedanken und Pläne nicht immer zu verstehen sind. Da man dem einzelnen aber nicht zutrauen kann, selbst herauszufinden, was für sein Leben wichtig ist, muß man ihn belehren, notfalls mit Nachdruck und Angst. Weil Gott heilig ist, müssen alle Fehler, Fehlwege, muß alles Unheilige unbedingt vermieden werden. Schuld und Sünde kann nur durch Blut getilgt werden. Je größer die Frömmigkeit, desto größer erscheint die Heiligkeit Gottes.

Der menschenfreundliche Gott wird unerreichbar und für viele zu einer absoluten, grausamen Majestät. Der Abstand zwischen ihm und den Menschen wird immer größer. Nur durch Opfer, heilige Riten, demütige Bitten und Gehorsam kann man Gott würdig begegnen, kann die unüberbrückbare Kluft überwunden werden. Die alten Bilder vom König und seinen Untertanen, vom Herrn und seinen Knechten, vom großen Hirten und den Schafen drängen sich wieder in den Vordergrund. Die freundschaftliche Nähe des göttlichen Menschensohns zu seinen Freunden, des erstgeborenen Bruders zu seinen Geschwistern tritt zurück. Aus einer herzlichen Liebesbeziehung wurde wieder ehrfurchtsvolle untertänige Anbetung und Angst vor Strafe und Gericht.

Gottesfurcht statt Begeisterung am Leben

Sündenregister, Strafkataloge, strenge Selbstkontrolle, bis in die Gedanken und Phantasien hinein, und Vorsicht vor Fehltritten füllen bei vielen, die es mit ihrer Frömmigkeit ernst meinen, das Leben aus. Anstelle begeisterten Lebens wird missionarischer Eifer angeboten. Das Ideal des „frommen" Menschen ist der hauptberuflich Fromme: die Nonne, der Mönch und der Priester, der Missionar, der Pastor, die Diakonisse u.v.a. Aus den Gottesdiensten verschwindet immer mehr der Alltag mit seinen banalen Problemen, mit familiären Krisen und der ganzen Berufswelt. Sonntags wird die weiße Weste und das saubere Kleid angezogen. Zwistigkeiten und Alltagssorgen werden vor der Kirche abgelegt. Die Alltagssprache wird durch eine fromme Sprache ersetzt. Heilige Texte und feierliche Lieder entsprechen der Würde der heiligen Handlungen. Der Sonntag wird zum Tag des Herrn, für das normale Leben ist der Alltag zuständig.

Aber nicht nur die banalen Probleme und die schweren Sorgen und der Kampf um das „liebe Geld" haben draußen zu bleiben. Draußen bleibt auch der frisch-fröhliche Spaß am Leben und an der Liebe. Sollte denn nur der „Teufel" die lustigen Spieler, die wagemutigen Abenteurer mit ihrem jugendlichen Überschwang, die begeisterten Fans, die Tramper nach Indien auf seiner Seite haben?

Neuen Wein in alte Schläuche?

Es fällt schwer, Jesus, den unermüdlichen Wanderer mit seinen Weggenossen, in Zusammenhang zu bringen mit feierlichen Talaren, Kanzeln, Altären und Glockengeläut. Wenn er in eine Synagoge oder in den Tempel kam, gab es Krach. Für die Frömmigkeit im alten Stil war er schwer zu ertragen. Sein neuer Wein paßte nicht mehr in die altehrwürdigen Gefäße. Sollte er heute besser hineinpassen?

Sprüche

Es kommt nicht auf dich an!

Gern zitieren fromme Leute den Satz: „Er muß wachsen, ich aber muß abnehmen." Diesen Satz hat einmal Johannes der Täufer über sich und Jesus gesagt (Joh 3,30) und damit etwas sehr Typisches für die Frömmigkeit des Alten Testaments zum Ausdruck gebracht. Es kommt nicht auf mich, nicht auf den einzelnen an, sondern alles dreht sich um Gott, bestenfalls noch um sein Volk.

Jesus hat diesen Gedanken nirgends aufgegriffen. Im Gegenteil! Der einzelne, du und ich, wir sind wichtig für ihn, für Gott. Der Mensch steht im Mittelpunkt des göttlichen Interesses, und das Leben des einzelnen kann durch den Wert der ganzen Welt nicht aufgehoben werden.

Es kommt auf dich an! Keiner kann das tun, was du tust und wie du es tust. Jeder hat eine unaustauschbare, einmalige Möglichkeit in dieser Welt. Wenn wir die Bilder des Neuen Testaments aufgreifen, dann scheint der Himmel mit seiner Bevölkerung gespannt darauf zu warten, daß du endlich wirst, was du werden kannst. Das Leben und seine Entfaltung bleibt bei dir entweder in einer Sackgasse stecken oder es bekommt durch dich eine neue Chance, eine neue Farbe, einen neuen Anfang. Wer immer nur tut, was alle tun, und sich nach dem richtet, was üblich ist, wird seiner Einmaligkeit nicht gerecht; es bleibt durch ihn in dieser Welt eine unschließbare Lücke.

Gott ist nicht auf die Christen allein angewiesen

Der Himmel ist oben – dorthin geht der Weg!

Das Gegenteil gilt! Der Himmel will auf die Erde kommen. Gott will mitten unter uns, an jeder Stelle, wo ein Mensch sich für ihn öffnet, landen. Ob du dich für Gott interessierst und an ihn denkst oder ihm glaubst, ist nicht ausschlaggebend für die Bedeutung, die du für Gott hast; denn schon lange bevor dein Interesse an ihm wachgerufen wurde, hat er Gutes durch dich bewirkt. Bevor ein guter Gedanke eines Menschen Kopf oder Herz bewußt wird, hat Gott den Impuls dazu gegeben. Noch vor meiner guten Tat und vielleicht auch noch durch mein Versagen kann er Gutes bewirken.

Zum Glück ist Gott für die Entfaltung des Lebens und der Liebe nicht auf die angewiesen, die sich für ihn engagieren. Manchmal kann er durch einen unbefangen „Ungläubigen" mehr ausrichten als durch einen überreflektierten und skrupelhaften „Gläubigen". Es waren bei weitem nicht immer Christen, durch die die großen Veränderungen zu mehr Menschlichkeit und Frieden in Bewegung kamen. Eher das Gegenteil trifft zu, leider auch heute noch. Durch religiöse Fanatiker sind vielmehr Kriege angezettelt und Bremsklötze gegen Entwicklung und Fortschritt gesetzt worden. Wir können uns vorstellen, daß aus der unsichtbaren Wirklichkeit Gottes ein sanfter, aber permanenter Durck auf alle Menschen ausgeübt wird, der Liebe und dem Frieden endlich Raum zu geben. Ob das Gute, das in dieser Welt geschieht, immer auch das richtige Etikett trägt, ist wahrscheinlich nicht von so großer Bedeutung, wie viele meinen. Wichtiger scheint zu sein, daß es überhaupt geschieht und das Reich Gottes zur Wirkung kommt.

Der Mensch ist böse, die Welt ist schlecht

Es wäre naiv, alles, was in dieser Welt geschieht, gut oder schön einfärben zu wollen. Zu viele entsetzliche Grausamkeiten sind geschehen und geschehen weiter. Böses und Gutes sind wie Tag und Nacht eine Realität. Es gibt jedoch verschiedene Möglichkeiten, mit dem Bösen umzugehen: Ich kann es negieren und werde realitätsblind. Ich kann versuchen, das Böse, auch das Böse in mir, zu bekämpfen und auszurotten, und laufe dadurch nur Gefahr, mich darauf zu fixieren und keine Kraft für das Gute mehr aufzubringen. Problematisch ist überhaupt die Beurteilung. Vieles, was zunächst gut aussah, entpuppt sich später als ungut, und manches Gutgemeinte hat schon Schlimmes bewirkt. Unser Horizont ist zu eng und unsere Zeitvorstellungen sind zu kurz. Bleibt uns in diesem Dilemma nur die Resignation oder welche Lebenseinstellung hilft weiter?

Da wir keine letztgültigen Maßstäbe haben, betonen wir am besten das, was dem Leben und seiner Entfaltung dient. Ermutigen ist besser als strafen, aufbauen besser als niederreißen. Das Gute zu betonen und zu belobigen, weckt gute Impulse. Es gibt nicht nur ansteckende Krankheiten, sondern auch eine ansteckende Gesundheit. Einem Menschen deutlich zu machen, welche Möglichkeiten noch in ihm stecken, ist wichtiger, als seine Unarten zu bekämpfen. Sich über das Gute mehr zu freuen als sich über das Böse zu ärgern, ist Weisheit. Die frohmachenden Erfahrungen verdienen eine größere Presse als die negativen Erlebnisse. Segnen ist wichtiger als fluchen. Segnen heißt: „Etwas Gutes über jemanden sagen!" Wer Gutes sät, wird Gutes ernten.

Lust ist böse und Genießen ist fragwürdig

Das Wort Lust hat im christlichen Sprachschatz keinen guten Klang. Alles, was Lust macht, ist verdächtig. An die Stelle des Begriffs Lust tritt oft der Frust. Frust ist Lustverlust. Viele erleben ihren Glauben als frustrierend und verrichten ihre frommen Übungen, wie Beten oder Bibellesen, lustlos und oft nur als Pflichtübung.

Ursache dieser flauen Gefühlslage ist häufig die Vorstellung, daß Gott, wie ein wachsamer Polizist, nur an Ordnung und Ruhe, Anstand und Gehorsam interessiert ist. Viele erwarten auch am Ende ihres Lebens die große Abrechnung. Dabei ergibt alles, was im Leben so richtig Spaß gemacht hat, alles Über-die-Stränge-Schlagen, Fehler-Machen und Fehltritte, in der Lebensbilanz ein Minus. So wird die

Angst vor dem Gericht und der Strafe zum eigentlichen Motiv, die Grenzen einzuhalten und ein ordentliches, braves Leben zu führen. Ängstliches Vermeiden und skrupelhafte Reflexionen, ob man als Christ dieses oder jenes „darf", beschäftigen deshalb gerade diejenigen Gemüter, die es mit ihrem Glauben ernst meinen.

Auch hier kann uns das Vorbild Jesu befreien. Sein Leben war nicht von ängstlicher Vorsicht bestimmt. Er galt in den Augen seiner Zeitgenossen eher als Genießer, und die Frömmsten mokierten sich darüber.

Lust und Genuß sind Fähigkeiten, die dem Menschen vorbehalten sind und die er zu seiner Lebensentfaltung lernen kann.

Der schwere Weg ist gerade richtig

Es dauerte nicht lange, bis sich unter den frühen Christen eine Neigung zum Martyrium ausbreitete. Durch die Ansicht, der Mensch sei von Natur aus böse, galten das Abtöten der Triebhaftigkeit und der freiwillige Verzicht auf die angenehmen Seiten des Lebens als besonders verdienstvoll. Manche Seelsorger empfahlen ihren Schützlingen, bei Entscheidungen immer den schwereren Weg zu wählen; das sei Gott wahrscheinlich wohlgefälliger. Wie könnte denn auch in einer „bösen" Welt mit ihrer „bösen" Lust etwas gut und richtig sein, was Spaß macht!

Zum Hintergrund solcher Seelsorge gehört auch die Erkenntnis, daß wir es in der Schöpfung und besonders beim Menschen mit einem „gefallenen" Wesen zu tun haben. Das Natürliche, auch die natürlichen Anlagen im Menschen, wurden damit diffamiert. Das neue Leben, in einer persönlichen Beziehung zu Gott, ist aber nicht ein übernatürliches oder un-natürliches Leben. Es ist befreites Leben und zielt auf Entwicklung und Entfaltung, auf Wachstum und Reife, auf Fülle und Überfluß. Es ist eine Lebensart, die allen Gaben und Kräften, Trieben und Möglichkeiten einen gesunden Raum schaffen will, die aufrichtet und nicht niederdrückt, die Erleichterung schafft und nicht Beschwernis. Jesus sagt, daß sein Joch sanft und seine Last leicht sei (Mt 11,30).

Warnungen

Sei nicht so extrem, nicht so radikal!

Das Motto aller ängstlichen und vorsichtigen Leute heißt: „Ruhe ist die erste Bürgerpflicht!" Bewegung und Lebendigkeit bringen aber Unruhe mit sich.

Alle Bewegungen sind naturgemäß durch junge Leute entstanden. Weder die ruhige Gelassenheit einer reifen Persönlichkeit noch die Weisheit des Alters bewirken Neuanfänge. Wesentliche Veränderungen sind nur dann erfolgreich, wenn sie mit einer gewissen Rücksichtslosigkeit durchgeführt werden und bis an die Wurzeln gehen, d. h. wenn sie radikal sind.

Schon die Mutter Jesu hatte mit ihrem radikalen Sohn Schwierigkeiten, und sicher erging es den Angehörigen der ersten Jünger nicht anders. Gegenbegriffe, die denen vorgehalten werden, die sich aufmachen, um das Leben zu gewinnen, sind: Vorsicht, Behutsamkeit, Verantwortungsbewußtsein, Rücksichtnahme, Ordnung, Besonnenheit, Beständigkeit u. a.

Selbstverständlich haben auch diese Begriffe ihre Bedeutung. Sie sind aber nicht hilfreich für einen Anfang oder Aufbruch. Doch es müssen nicht immer nur junge Menschen sein, die sich aufmachen und das Leben gewinnen wollen. In jeder Lebenslage und in jedem Alter sind noch Entscheidungen möglich.

Wenn es um das Leben geht, sind extreme und radikale Lösungen gerechtfertigt, auch wenn sie nicht von allen verstanden oder gutgeheißen werden.

Die Frage, ob es schon im Diesseits ein erfülltes Leben gibt, beschäftigt viele. Die überraschende Ankündigung Jesu, daß er gekommen sei, Leben in überfließender Art zu bringen (Joh 10,10), hat immer wieder Menschen ermutigt, sich mit ihm einzulassen. Die Aufforderung, alles zu verkaufen und ihm zu folgen oder den Beruf aufzugeben und mit ihm zu gehen, galt sicher nicht allen. Aber alle erfuhren durch ihn lebenswichtige Veränderungen. Zumindest hat sich die Rangfolge dessen, was im Leben wichtig ist und wofür zu leben sich lohnt, verschoben.

Das schlechte Gewissen ist weder wertvoll noch lebensfördernd

Sich nichts zuschulden kommen lassen, keine Fehler machen

Keiner macht gern freiwillig Fehler. Wer aber etwas lernen will, wird mit Fehlern rechnen müssen; denn am meisten lernen wir immer noch durch das, was wir einmal falsch gemacht haben. Vielleicht ist das sogenannte „Falsche" nicht in jedem Fall so falsch. Manchmal ist sogar ein Umweg die bessere Möglichkeit.

Dadurch wird jedoch die Schuldfrage zum zentralen Problem des Lebens und jeder menschlichen Gemeinschaft. Zum Verzweifeln ist sie besonders dann, wenn es keine freie Wahl zwischen gut und böse gibt. Oft müssen wir Entscheidungen treffen, die nur zwischen dem größeren und dem kleineren Übel liegen.

Wer ohne Fehler und Schuld durchs Leben gehen will, wird nicht weit kommen. Unsere Lebenszusammenhänge und unsere Verhältnisse sind dafür zu kompliziert. Wer versucht, es jedem recht zu machen, wird scheitern und es am Ende doch keinem recht gemacht haben.

Deshalb ist das Wort von der Vergebung die Basis des neuen Lebens. Es ist das Vorwort, das Gott jeder Begegnung voranstellt. Es ist die Zusage, daß Schuld nicht mehr trennen muß. Liebende leben von der Vergebung – oder sie können weder lieben noch leben.

Entscheidungen, die mein Leben verändern, beginnen mit einer Befreiung: der Befreiung vom schlechten Gewissen. Die Angst vor dem schlechten Gewissen ist weder moralisch wertvoll noch lebensfördernd.

Sein Schicksal annehmen und sein Kreuz tragen

Schicksal und Kreuz sind zwei verschiedene Begriffe, die nicht verwechselt werden sollten. Unser persönliches Dasein ist eingebunden in die großen Zusammenhänge unserer Zeit. Wir können uns diesen Verflechtungen nicht entziehen. Wir leiden mit unter den Verhältnissen und sind wie alle anderen durch Krankheiten und andere Gefährdungen des Lebens betroffen. Viele grundsätzliche, wie wir sagen: „schicksalhafte" Beeinträchtigungen bringen wir schon durch unser Erbgut mit auf die Welt. Der eine leidet mehr, der andere weniger unter solchen Behinderungen seiner Entfaltung.

Die eigene Schuld vertuschen lähmt –
sich zur Schuld bekennen befreit

Wir nehmen auch teil am Schicksal unseres Volkes und an den gesellschaftlichen Entwicklungen unserer Zeit. Es gilt, das Notwendige zu akzeptieren und das Beste daraus zu machen, aber auch das Unnötige zu lassen.

Was uns das Leben auferlegt, ist nicht unser Kreuz. Es ist die Last oder Bürde, die wir als Menschen mit allen anderen tragen.

Unser Kreuz dagegen hat es immer mit dem zu tun, was wir selbst verschulden. Es ist, nach biblischem Verständnis, ein Zeichen für Schuldigsein. Kreuzträger waren verurteilte Verbrecher. Das Kreuz tragen hieß: sich zu seiner Schuld zu bekennen. Wer Fehler macht und sich zu ihnen bekennt, braucht sich nicht länger mit einem schlechten Gewissen herumzuplagen, weil alle wissen, daß einer, der ein Kreuz trägt, etwas verkehrt gemacht hat. Natürlich können auch Erkrankungen und schwierige Verhältnisse, mit denen ich leben muß, verschuldet sein. Übernehme ich auch die Verantwortung dafür, dann kann ich unter Umständen noch vieles verändern und muß nicht einfach alles nur hinnehmen. Schuld, Versagen und Fehler sind kein Schicksal, sondern Herausforderungen, daraus zu lernen, um es in Zukunft besser zu können. Anderen gegenüber, die auch schuldig wurden, werde ich barmherziger begegnen als jene, die ihr eigenes Versagen nicht einsehen oder zugeben können. Das Vertuschen und Verbergen von Fehlern und Verschweigen der Schuld lähmen das Leben. Sein Kreuz bewußt tragen befreit zum Leben.

Kannst du noch glauben, was man glaubt? ist eine Frage nach der Bereitschaft, die Verantwortung für das eigene Leben zu übernehmen. Es ist der Schritt in die Selbstverantwortung. Ich will mich bewußt freiwillig entscheiden für das, was ich denke, glaube und lebe. Es ist der Schritt aus der Unmündigkeit in das Erwachsensein.

S. 30

Jedes Lebewesen auf dieser Erde ist ein Original. Daher gibt es kein Leben, das nach Schablonen gefertigt wäre. Aber jeder Mensch muß sich selbst auch so annehmen und akzeptieren, wie er angelegt ist. Diese Reihe gibt Aufschlüsse und Hilfen, sein eigenes Ich besser zu erkennen und es positiver im Umgang mit anderen einzusetzen.

In der Reihe »Selbstfindungen« sind weitere Hefte lieferbar:

Ich darf sein, der ich bin — und werden, der ich sein kann

Alles Lebendige wächst

Besitze dein Leben

Ich will das Haus meines Lebens bewohnen

Der Schatten gehört zu mir

Ich will Freundschaft schließen mit meinen Gefühlen

Lieber das bekannte Unglück als das unbekannte Glück

Du kannst deine Wut in Stärke verwandeln

Das schöne schlechte Gewissen

Weitere Themen folgen.

Wilhard Becker

Geboren 1927 in Frankfurt/M. Nach 25 Jahren Tätigkeit als Theologe nimmt er seine ursprüngliche Intention, dem Menschen auch therapeutisch zu helfen, wieder auf. Heil und Heilung – Christsein und ganz Menschsein gehören für ihn untrennbar zusammen. Z.Zt. in eigener Praxis für Beratung und Therapie. Schulungsarbeit für Führungskräfte in der Industrie mit der Thematik »Persönlichkeitsbildung«. Wohnhaft in 7109 Schöntal 3, Obere Sonnenhalde 20.

Ulrich Schaffer

1942 in Pommern geboren. Wohnte bis 1953 bei Bremen. 1953 Auswanderung nach Kanada. 1961–1970 Studium der Germanistik und Anglistik an der University of British Columbia und an der Universität Hamburg. 1970–1981 Dozent für europäische Literatur an einem College bei Vancouver. Seit 1981 freiberuflich tätig als Schriftsteller und Fotograf.